## 당일 추천코스1

인천역 — 차이나타운(짜장면박물관) — 송월동 동화마을 — 자유공원(제물포구락부) — 개항장거리 — 신포국제시장

## 당일 추천코스2

인천역 — 월미도 — 차이나타운(짜장면박물관) — 송월동 동화마을 — 자유공원(제물포구락부) — 개항장거리 — 신포국제시장 — 답동성당 — 배다리 헌책방거리

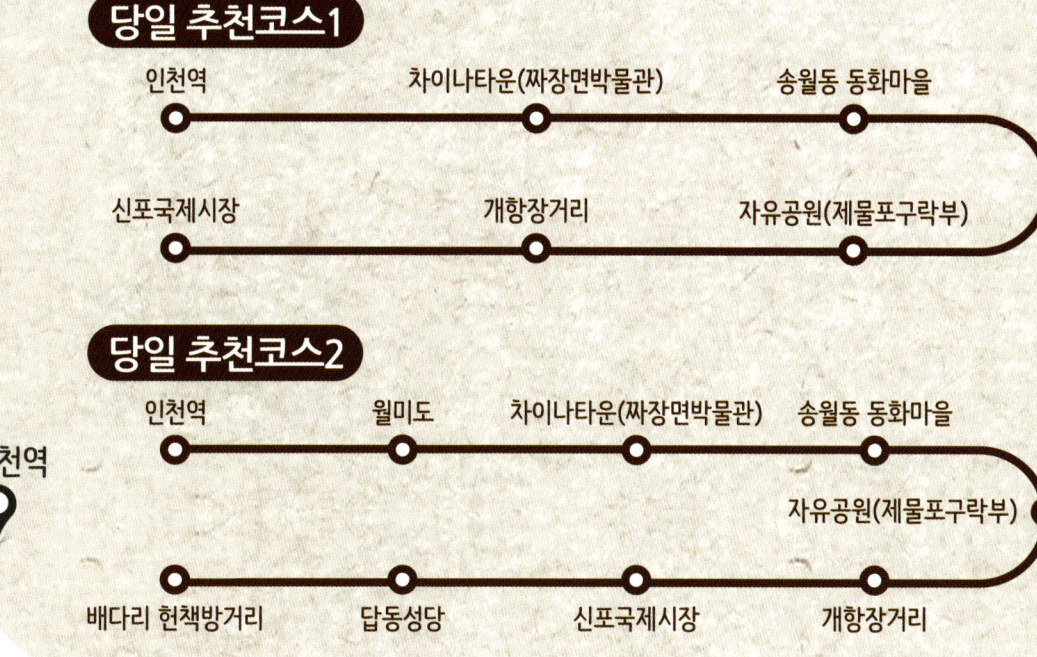

화평동 냉면거리

천 삼치거리

동인천역

배다리 헌책방거리

## 인천 중구

인천 중구는 항구가 있어 1883년 개항 이래 항구를 중심으로 도시가 발전해 왔어요. 그리하여 의미 있는 건물과 역사, 볼거리가 가득하지요.

**안녕, 나는 인천이야**

**개정판 1쇄 발행** 2022년 5월 31일 / **글쓴이** 이나영 / **펴낸곳** 상상력놀이터 / **펴낸이** 이도원 / **교정교열** 박정은, 정지윤 / **일러스트** 박정은, 정지윤 /
**디자인** 상상력놀이터 디자인팀 / **주소** 경기도 고양시 일산동구 정발산로9 대양빌딩 607호 / **대표전화** 070-8227-4024 /
**홈페이지** www.sangsangup.co.kr / **전자우편** contact@sangsangup.co.kr / **등록번호** 제 2015-000056 호 **ISBN** 979-11-88408-15-3

*책값은 표지 뒷면에 있습니다.
*이 책은 상상력놀이터에서 저작권자와의 계약에 따라 발행한 것으로 허락 없이 복제할 수 없습니다.
*파본이나 잘못 인쇄된 책은 구매하신 서점에서 교환해드립니다.

# 먼저 알고 읽으면 좋아요.

### 매립지와 간척지
우묵한 땅이나 하천, 바다 등을 돌이나 흙 따위로 채워 땅으로 만든 것을 매립지라 해요. 바다나 호수 일부를 둑으로 막고, 그 안의 물을 빼내어 땅으로 만든 것을 간척지라 하지요. 인천은 매립지와 간척지가 많아요.

### 개항
항구를 연다는 뜻으로 항구를 열어 외국의 배들이 마음껏 오고 갈 수 있게 하는 것을 말해요. 항구를 통해 외국의 물건과 문화를 받아들이기 시작한 것을 의미하지요.

### 현수교와 사장교
다리는 만들어지는 방법에 따라 다양한 이름으로 불려요. 현수교는 양쪽 높은 탑을 현수선으로 잇고 케이블의 양 끝을 땅속에 고정하여 지탱하지요. 사장교는 양쪽에 높게 세운 탑에서 나온 줄이 다리 상판을 잡아당겨 지탱하는 다리예요. 두 다리는 비슷해 보이지만 장단점이 달라요.

### 랜드마크
어떤 지역을 대표하거나 구별하게 하는 것을 말해요. 그곳을 떠올리면 떠오르는 건물이나 문화재 등을 말하지요. 예를 들어 프랑스 하면 에펠탑이 떠오르고 미국 하면 자유의 여신상이 호주하면 오페라 하우스가 떠오르는 것과 같은 것이지요.

### 유배와 유배지
유배는 큰 죄를 지은 사람을 외딴섬이나 시골과 같이 서울과 먼 곳으로 쫓아내는 것을 말해요. 일정한 기간 정해진 장소에서만 살게 하는 벌이지요. 유배하는 장소를 유배지라 해요. 죄의 크기에 따라 서울에서 유배지까지 거리가 정해졌다고 해요.

### 천연기념물
아름답고 가치 있는 자연 중에 개체의 수가 줄어들고 있는 것을 법으로 보호하여 지키는 것을 천연기념물이라고 해요. 동물이나 식물뿐만 아니라 섬이나 동굴처럼 장소인 것도 있지요.

### 실향민
고향을 잃어버린 사람이라는 뜻으로 고향을 떠난 뒤 다시 돌아갈 수 없게 된 사람들을 말해요. 한국 전쟁 이후 북한이 고향인 사람들이 아직 통일되지 않아 고향으로 돌아가지 못하여 모두 실향민이 되었지요.

### 유엔과 유엔군
전쟁을 막고 평화를 유지하기 위해 설립된 국제기구예요. United Nations를 줄여 유엔(UN)이라고 불러요. 1945년에 만들어진 유엔은 전쟁 중인 나라에 여러 국가에서 스스로 지원한 군인들이 평화를 위해 싸우지요.

### 군락지
군락은 무리 지어 모여 있는 것을 말해요. 식물이 같은 지역에서 나고 자라 모여있는 것을 말해요. 식물들이 군락 되어 있는 곳을 군락지라 하지요.

_____아(야)
이름을 써주세요

**인천 이름의 유래**
고려시대 때 임금님이 7번이나 바뀌는 동안 인주(인천) 이 씨 가문에서
5명의 왕비가 나왔어요. 왕비가 탄생한 경사스러운 곳이라 하여 경원부라 불렀어요.
훗날 인주가 인천이 되었지요.

안녕 나는 인천이야.

나는 주몽의 아들 비류가 이곳에 머물며

미추홀이라고 부르기도 했고 인주, 경원부라고 불리기도 했어.

나는 조선과 고려, 삼국시대는 물론이고,

더 멀리 선사시대의 흔적까지 모두 모여 있어.

나는 항구도시, 국제도시, 공업도시, 역사도시 등 별명도 다양해.

나와 함께 인천으로 떠나보지 않을래?

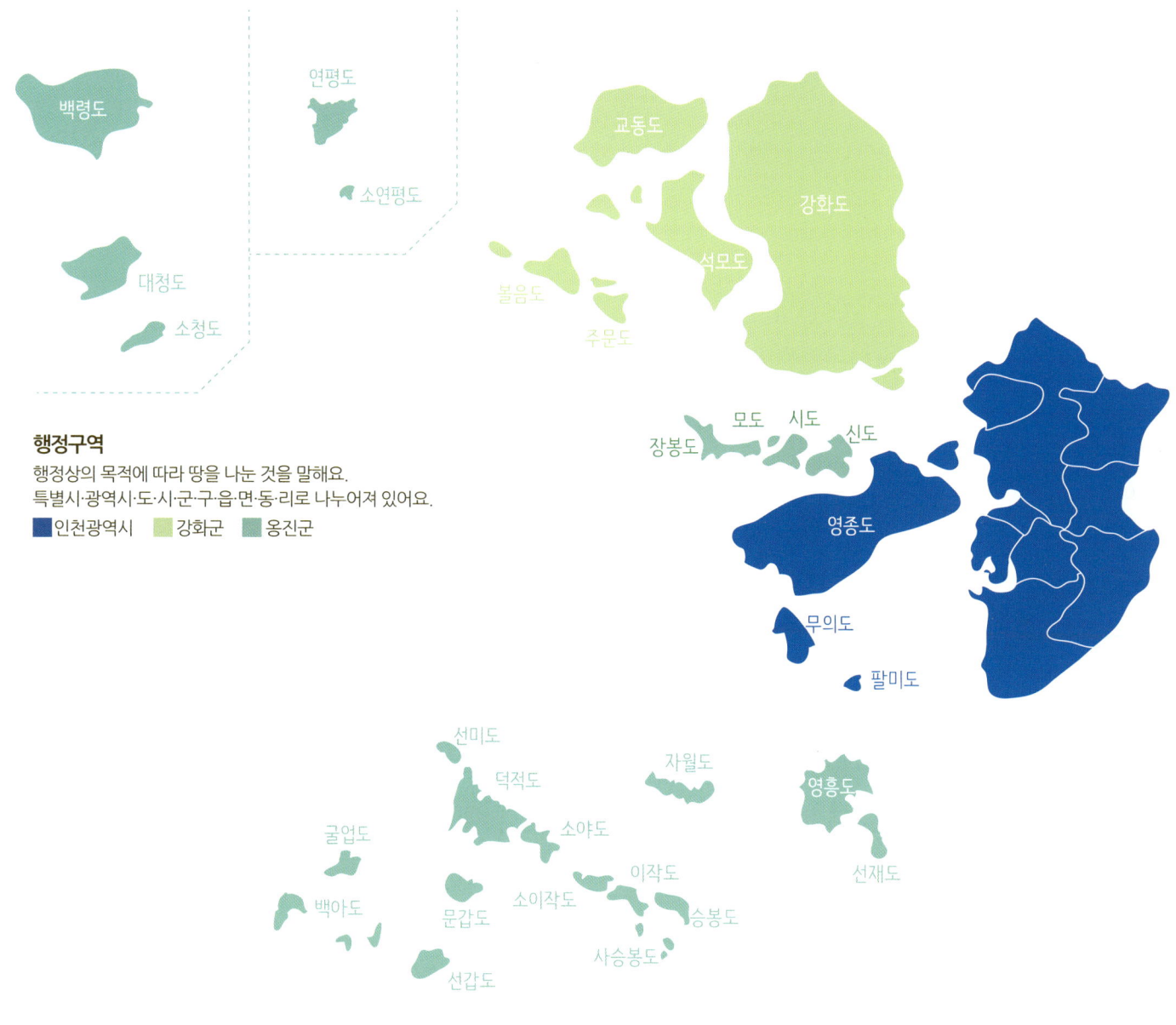

나는 말이야. 행정구역으로는 크게 인천시와 옹진군, 강화도로 나뉘어.
육지와 함께 약 168개의 아름다운 섬으로 이루어져 있어.
우리나라 최북단에 위치한 백령도와
북한과 가장 가까운 섬 연평도도 인천이고,
우리나라에서 가장 큰 국제공항이 있는 영종도와
섬 전체가 역사 교과서인 강화도 또한 나에게 있어.

우리나라 제2의 항구도시인 나는 가장 오래된 항구 중 하나야.
개항과 함께 세계 여러 나라와 교류하며 국제항으로 발돋움하게 되었어.
나는 서울과 가장 가까운 항구라 외국 문물이 가장 빨리, 많이 들어오기 시작한 곳이지.
그래서 의미 있고, 역사적인 건물들이 많아.

**인천중동우체국**
1884년 11월 우정총국 인천분국이 설치되면서 시작되었어요. 1923년 건물이 오래되어 이곳으로 옮겨와 지금까지 우체국으로 이용되고 있어요.

**팔미도 등대**
1903년에 만들어진 우리나라 최초의 등대예요.

**대불호텔**
우리나라 최초의 호텔이에요. 정확한 기록은 없으나 1885년 이전부터 만들어 운영했을 것으로 추정해요. 또한 우리나라 최초로 커피를 판 곳이라고 해요.

**제물포구락부**
1901년 외국인들의 친목을 돕는 사교장이에요. '제물포구락부'의 원래 이름은 '제물포 클럽'이었지요.

**답동성당**
1890년대에 건축된 한국 성당 중 가장 오래된 서양식 근대 건물 중 하나예요.

**내동 성공회성당**
1890년, 우리나라 최초로 만들어진 성공회 성당이에요.

**수준원점**
우리나라의 산과 땅의 높이를 재는 기준점을 말해요. 해수면을 기준으로 삼는데 바닷물 높이는 밀물과 썰물, 동해, 서해, 남해 등에 따라 달라요. 그래서 실제로는 0.00m가 존재하지 않기 때문에 기준점을 정해요. 그곳이 바로 이곳이랍니다.

나에게는 우리나라 최초의 호텔과 최초의 교회(성공회),
최초의 등대 등 '최초'로 시작된 것이 참 많이 있어.
우리나라 최초의 철도도 서울과 나를 잇는 경인선이야.
참, 우리나라 땅의 높이를 재는 기준점인 수준원점도 나에게 있다는 것 아니?

**공화춘**
차이나타운에서 가장 유명한 중국 식당으로 짜장면이 탄생한 곳이에요.
지금은 짜장면박물관으로 사용되고 있어요.

**짜장면박물관**
| 이용시간 : 매일 09:00~18:00 / 월요일 휴무

날 여행하다 보면 이곳이 중국인지 일본인지 싶은 곳이 있어.
우리나라의 대표적인 차이나타운과 일본 건물들이 가득한 개항장 거리가 있지.
1883년 다른 나라에 항구의 문을 열면서 큰 도시로 성장하기 시작했어.
그때 인천항을 통해 건너온 중국인들이 모여 살며 차이나타운이 만들어졌어.

**차이나타운**
120년이 넘는 역사를 가지고 있어요. 중국인의 문화와 풍습들이 잘 간직된 곳이에요.

**인천 개항박물관**
| 1899년 완공한 일본제1은행이었던 건물로 해방 이후에는
조달청 인천지점으로 사용되다가 1996년까지 법원 등기소로 사용되었어요.
이용시간 : 매일 09:00~18:00 / 월요일 휴무

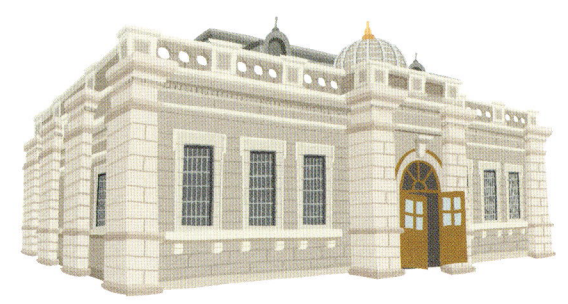

개항을 하며 일본인들도 많이 들어오게 되었는데
곳곳에 일본식 건물들이 많이 남아 개항장거리가 되었지.
참, 이곳 근처에는 아름다운 동화마을에 온 듯한 송월동 동화마을도 있어.
원래는 개항 후 독일인을 비롯한 외국인들이
거주하던 곳이었다고 해.

**리아스식 해안**

리아스식 해안은 굴곡이 심한 해안을 일컫는 말이에요. 수심은 얕고 조석 간만의 차가 커서 갯벌이 발달했어요.

바닷물의 높이가 높아지면서 육지가 잠기고 섬과 만, 반도가 생겼어요.

퇴적물이 쌓이면서 갯벌이 생겨나고 평평한 땅이 만들어져요.

너희들이 잘 알고 있는 영종도가
원래는 4개의 섬이었다는 사실을 알고 있니?
인천국제공항은 용유도와 영종도,
신불도와 삼목도 사이의 간척지에 만들어졌어.
바다 위에 공항이 만들어진 셈이야.

사실 나의 지도는 간척과 매립으로 여러 번 바뀌었어.
원래 나의 해안은 들쑥날쑥 복잡한 해안(리아스식 해안)을 이루고 있었지만
간척과 매립을 통해 해안선이 자로 줄을 그은 것처럼 바뀌었지.
바다와 인접해 있는 곳은 절반 이상이 간척지이거나 매립지야.

**경인선**
제물포(인천)와 노량진(서울)을 잇는 노선이에요.
1899년에 우리나라에 가장 먼저 만들어졌어요.

**자기부상열차**
자석이 서로 같은 극끼리 밀어내는 힘을 이용해 기차를 선로 위로 들어 올려 움직이는 열차예요. 기존의 기차와 달리 선로와 닿지 않아 소음과 진동이 매우 적고 빠르지요. 우리나라에 대전과 인천 두 곳에 있으나 대전의 자기부상열차는 체험용이에요.

공항 이야기가 나와서 말인데 나는 다양한 교통수단으로 오고 갈 수 있어.
오랫동안 서울의 관문 역할을 하며 무역의 중심이 된 인천항과
인천 크루즈 전용부두도 송도에 있어.
바다의 호텔이라 불리는 크루즈가 머무르는 곳이지.
교류의 중심인 나는 나와 통하는 고속도로가 무려 6개나 돼.
또 우리나라에서 유일하게 자기부상열차가
운영되고 있는 곳이기도 하지.

**인천항**
부산항과 원산항에 이어 3번째로 다른 나라에 항구의 문을 열어요.

**인천의 경제자유구역**
영종(물류와 해양관광레저), 청라(금융), 송도(정보 통신과 비즈니스센터)

**경제자유구역**
외국 회사들이 이 구역에서 잘 활동할 수 있도록 도와줘요. 기술과 투자가 자유롭게 이루어져 나라의 힘을 키우고, 여러 도시의 균형 잡힌 발전을 이루는데 목적이 있어요.

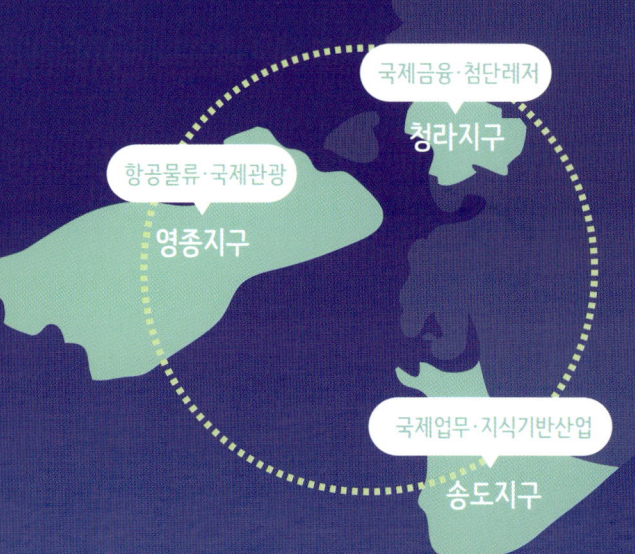

나는 국제항과 국제공항을 통해 많은 다른 나라와 교류하기 편해서
경제자유구역이 3곳이나 있어.
국제도시라고 불리기도 하는 송도, 청라, 영종은 마치 미래도시 같은 느낌이야.
어느 도시보다 랜드마크가 되는 건축물들이 많이 있어.
티브이에서 보던 신기한 건물들이 대부분 이곳에 있지.
낮에도 아름답지만, 밤에는 더 아름다워.

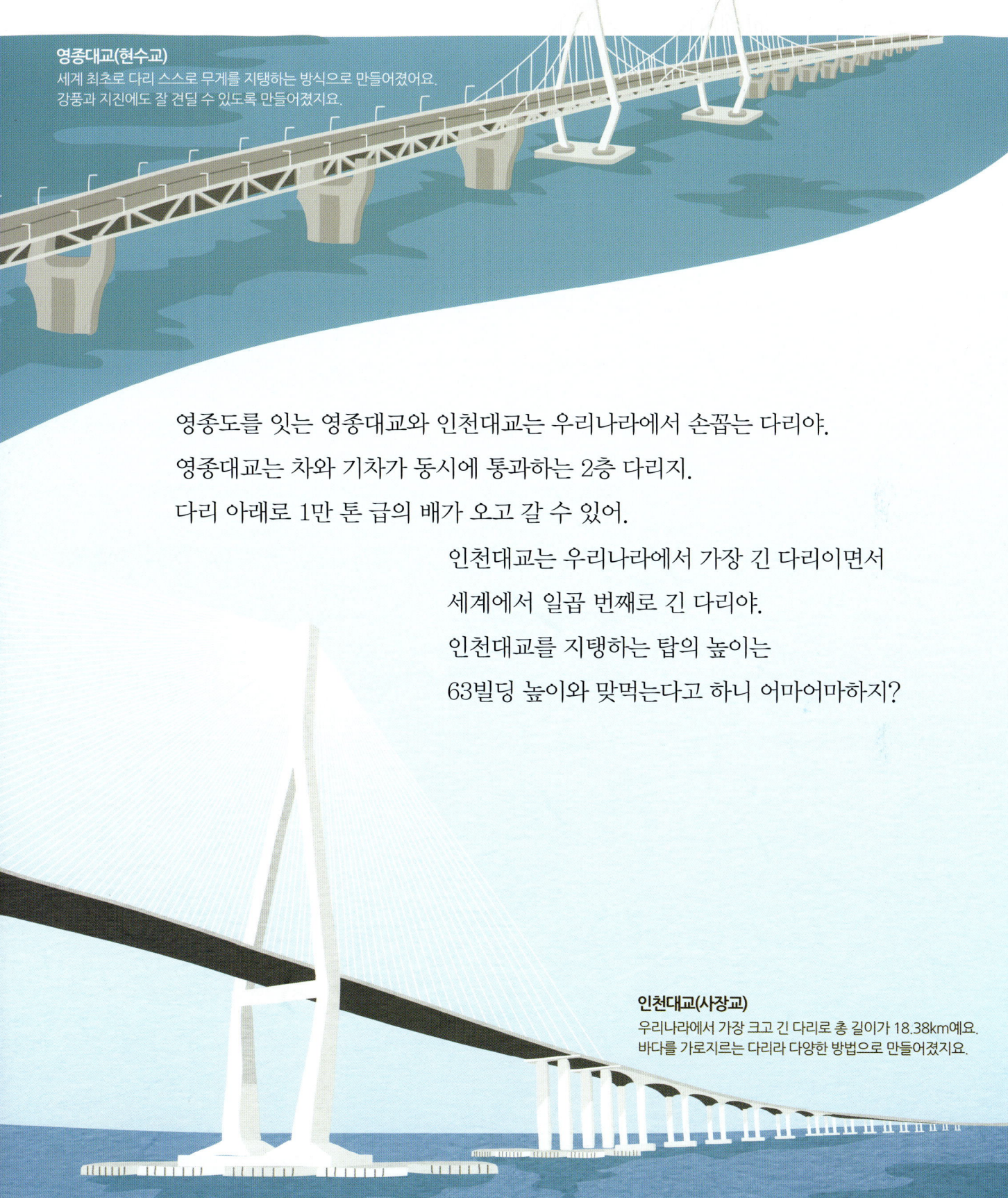

**영종대교(현수교)**
세계 최초로 다리 스스로 무게를 지탱하는 방식으로 만들어졌어요.
강풍과 지진에도 잘 견딜 수 있도록 만들어졌지요.

영종도를 잇는 영종대교와 인천대교는 우리나라에서 손꼽는 다리야.
영종대교는 차와 기차가 동시에 통과하는 2층 다리지.
다리 아래로 1만 톤 급의 배가 오고 갈 수 있어.
인천대교는 우리나라에서 가장 긴 다리이면서
세계에서 일곱 번째로 긴 다리야.
인천대교를 지탱하는 탑의 높이는
63빌딩 높이와 맞먹는다고 하니 어마어마하지?

**인천대교(사장교)**
우리나라에서 가장 크고 긴 다리로 총 길이가 18.38km예요.
바다를 가로지르는 다리라 다양한 방법으로 만들어졌지요.

**삼랑성과 전등사**
단군의 아들 부소, 부우, 부여가 쌓았다고 전해지는 삼랑성 안에 우리나라에서 제일 오래된 절 전등사가 있어요.

나는 겉모습만 보면 화려한 미래도시 같지만
과거와 미래가 같이 존재하는 곳이야.
특히 섬 전체가 역사 교과서라 할 수 있는 강화도는
예로부터 서울로 통하는 길이기도 했고, 한때 고려의 수도였기 때문에
수많은 문화유산들로 가득해.
고려시대 때 몽골군의 침입으로 강화도에 왕실이 옮겨와
39년간 수도의 역할을 했었거든.
이후에는 서울과 가까운 섬이어서
왕과 왕실의 유배지로 사용하기도 했어.

**돈대**
적의 움직임을 살피거나 공격에 대비하기 위하여 영토 내 접경 지역 또는
해안지역의 감시가 쉬운 곳에 마련해두는 초소를 말해요.

## 고인돌을 만드는 과정

기둥이 되는 굄돌을 먼저 묻어요.

운반로를 흙으로 다져 만들어요.

덮개돌을 운반해서 얹어요.

운반로 흙을 파내어 완성해요.

또 선사시대 유적지도 있는데 특히 강화도 고인돌 유적은
강화도에만 120여 기가 남아있어.
고창과 화순의 고인돌과 함께 유네스코 세계유산으로
등록되어 있을 정도로 소중한 유산이야.

고인돌의 개수를 셀 때는 '基 (터 기)'를 써서 몇 '기'로 써요.
생선은 한 '두름', 달걀은 한 '꾸러미', 김은 한 '톳', 인삼은 한 '채' 등
단위를 표시하는 다양한 말이 있어요.

**유네스코 세계유산**
유네스코는 인류에게 있어 중요한 가치와 의미를 지닌 유산들을 보호·보존하고자
1972년 세계 문화 및 자연 유산 보호 협약을 체결하였어요.
2000년에 고창·화순·강화 고인돌 유적이 유네스코 세계유산에 등재되었지요.

### 병인양요와 신미양요
병인양요는 1866년에 프랑스가 강화도로 쳐들어온 사건이에요.
이때 프랑스군은 강화도에 설치한 왕실 도서관(외규장각)에서 5천여 권의 책 중 395권을 골라 프랑스로 가져가고 나머지는 모두 불태워 버렸지요.
신미양요는 1871년에 미국이 강화도로 쳐들어온 일이에요.

### 운요호 사건
1875년에 일본 군함인 운요호가 강화도에 침입해 조선군과 일본군이 충돌한 사건이에요.
일본은 이 사건을 트집 잡아 조선에 군대를 보내고
1876년 불평등한 조약이었던 강화도 조약을 맺게 되는 계기가 되지요.

나는 여러 전쟁의 아픔이 서려 있는 곳이기도 해.
고려시대 몽골의 침입은 물론이고 프랑스와 미국, 일본 등
서울로 통하는 길인 탓에 외부의 침입이 끊이지 않았던 곳이지.
한국전쟁 당시 중요한 사건이었던 인천상륙작전의 중심지이기도 했고,
천안함 사건과 제1연평해전, 제2연평해전이 있던 곳이기도 해.
그래서 나는 통일이 되길 가장 바라는 도시일지도 몰라.

### 인천상륙작전
맥아더 장군이 이끄는 유엔군이 인천에 상륙해 북한군의 뒤를 공격한 사건이에요. 인천상륙작전이 성공하면서 국군과 유엔군은 전쟁의 주도권을 잡게 되지요.

### 강화평화전망대
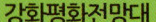
| 이용시간 : 하절기(3월~11월) 09:00~18:00 / 동절기(12월~2월) 09:00~17:00

**해양보호구역**
해양생물이 다양하고 풍부하며 해양경관이나 해양자산이 우수해 특별히 보전할 가치가 큰 구역을 말해요. 인천에는 대이작도 주변 해역 생태계보전지역·옹진 장봉도 갯벌 습지보호지역·송도갯벌 습지보호지역 3곳이 있지요.

옹진 장봉도 갯벌
송도 갯벌
대이작도 주변해역

나는 아름다운 자연들로 너희들을 반기기도 해.
중국 래주의 소정방이 머물다 갔다고 하는 소래산과
인천과 김포, 고양과 서울이 다 내려다보이는 계양산이 있고,
단군왕검이 하늘에 제사를 지낸 참성단이 있는 마니산이 있어.
참성단에서는 지금도 개천절에 제사를 지내고
전국체육대회 성화의 불꽃이 여기서 시작되지.
　　　　서울에서 가장 가까운 왕산해수욕장을 비롯해 을왕리해수욕장,
　　　　　　동막해변 등 아름다운 해변과 갯벌이 가득해.

또 인천의 섬들은 얼마나 멋지다고!
백령도 사곶해변은 전 세계에 2곳밖에 없는 천연비행장과 신이 빚어 놓은 절경을 가진
두무진이 이름도 모습도 재미있는 바위들로 너희들을 맞이할 거야.
참, 백령도에는 심청이가 아버지의 눈을 뜨게 하기 위해 몸을 던졌다는 인당수가 있어.
진짜 심청이가 이곳에 살았을까?

**서해 5도**
북한과 가까운 백령도·대청도·소청도·연평도·우도 등 5개의 섬을 서해 5도라고 불러요.

**백령도 물범 서식지** 천연기념물이자 멸종 위기 동물인 물범이 서식하고 있어요.

**백령도**
우리나라 최북단의 섬이자 우리나라에서 일곱 번째로 큰 섬이에요.
파도와 비바람에 깎여 만들어진 두무진은 '뾰족한 바위들이 많아 생김새가 머리털같이 생겼다'라는 뜻을 가졌어요.

**연평도**
대연평도와 소연평도로 이루어져 있어요. 1960년대에는 조기 어장이었지만 지금은 꽃게잡이로 유명해요. 신석기시대의 조개무지도 있어요.

**대청도**
원래의 이름은 포을도였는데 고려초기에 대청도로 고쳐 불렀어요. 소나무와 동백나무가 가득하지요. 우리나라에서 보기 힘든 사막(해안사구)도 있어요.

꽃게가 많이 잡히는 연평도는 아름답기도 하지만
분단의 아픔을 가까이에서 느낄 수 있는 곳이기도 해.
우리나라에서 가장 북쪽에 있는 동백나무 자생지를 가진 대청도도 있지.

시간이 멈춘 것 같은 교동도는 유서 깊은 교동향교와 교동읍성이 있어.
교동도도 강화도와 같이 왕과 왕 가족들의 유배지였어.
이작도는 그 자체만으로도 아름답지만, 썰물 때에만
드러나는 드넓은 풀등이 가장 신비롭지.

**교동도 유배지**
연산군과 광해군 외에 여러 왕족들이 이곳에서 생활을 했다고 해요.

**교동도**
서울과 가까운 섬인 이유로 고려 때부터 조선시대에 이르기까지 유배지로 이용되었어요. 한국전쟁 이전에는 북한 해주와 인천 사이를 연결하는 섬이었지요.

**이작도**
해적들이 이 섬에 숨어 살았다고 하여 이적도라 불렀다가 '이적'이 '이작'으로 변해서 이작도가 되었어요. 고래등이라고 부르기도 하는 풀등은 모래섬이 잠수함처럼 다시 물속으로 들어가고 드러나기도 하지요.

**영흥도** 옹진군의 섬들은 배를 타고 가야 하지만 선재도와 영흥도, 측도는 육지와 연결된 섬들이에요. 화력발전소가 있지요.

울창한 소나무가 장관을 이루고 있는 영흥도는 해 질 무렵이 일품이야.
나는 이렇게 일일이 나열하기도 힘들 정도로 매력적인 섬들로 가득해.
섬마다 재미있는 이야기가 많이 숨어 있으니 섬에 얽힌 이야기들을 찾아봐.

인천 아시아드 주경기장

인천 문학경기장

이렇게 아름다운 섬과 산, 바다와 계곡이 있는 나는
레저와 스포츠도 즐길 수 있는 곳이야.
계절마다 다른 해산물들을 낚을 수 있는 바다낚시도 즐길 수 있고
다양한 해양 스포츠도 즐길 수 있어.
월드컵과 아시안게임을 치른 나는 인천 문학경기장과
인천 아시아드 주경기장 등 대형 경기장들이 곳곳에 있어.
이름도 생소한 루지는 물론 레일바이크와 카누도 탈 수 있어.
또 유람선으로 곳곳을 구경할 수 있단다.

아라뱃길은 행주대교 인근 아라 한강갑문에서부터 시작해서 김포시를 지나 인천시 계양구를 거쳐 인천시 서구를 통해 서해로 나아가요.

아라뱃길은 유람선을 타고 구경을 할 수도 있지만
자전거길로도 아주 유명해.
곳곳에 다양한 볼거리가 가득하단다.
정서진, 전망대, 캠핑장 등 아라뱃길 전체가 관광지야.
아라뱃길은 서울로 가는 가장 빠른 뱃길이기도 해.

**아라뱃길**
'아리랑'의 '아라리오'에서 따온 '아라'는 바다를 뜻하는 옛말이기도 해요.
고려 고종 때 각 지방에서 거둔 세금을 수도로 운송하던 항로가 험해
한강과 바다를 잇는 가장 빠른 뱃길을 개척하고자 했어요.
하지만 기술이 부족한 탓에 실패하였지요. 그 후로도 여러 번의 시도가 있었으나
매번 기술과 인력의 한계로 실패하였고 이후 2011년에 탄생하지요.

**러일전쟁**
1904년부터 1905년까지 러시아와 일본이 만주와 한국을 서로 가지겠다고 벌인 전쟁이에요.

**월미조탕**
해수온천·수영장을 갖춘 '조탕'이 있었으나 한국전쟁 때 사라졌어요.

나는 우리나라 최초의 관광명소였다고 할 수 있는 월미도도 있어.
사실 월미도는 여러 아픔을 가지고 있던 곳이야.
월미도를 거치지 않고서는 인천항을 통해 서울로 갈 수
없었기 때문에 개항 이후부터 한국전쟁까지 몸살을 앓았어.
러일전쟁 때는 일본의 기지가 되었고,
이후에는 일본이 월미조탕을 비롯한 여러 오락 시설을 만들기도 했어.
하지만 지금은 손꼽는 관광명소가 되었지.

**인천대공원**

**영종도 씨사이드 파크**
전 구간 해변을 보며 달릴 수 있는 레일바이크는
물론이고 염전체험을 할 수 있는 곳과 캠핑장도 있어요.

월미도뿐만 아니라 다양한 관광명소가 가득해.

카누와 오리배를 탈 수 있고 족욕탕도 있는 송도국제도시의 센트럴파크와

음악 분수가 있는 청라국제도시의 호수공원도 있어.

캠핑도 하고 레일바이크도 탈 수 있는 영종국제도시의 씨사이드 파크도 있지.

식물원과 동물원, 썰매장까지 모두 다 있는 인천 시민의 쉼터, 인천대공원도 있어.

너는 어디를 제일 먼저 가보고 싶니?

**송도 센트럴공원**
우리나라 최초의 해수공원이에요.
수상 택시도 운영하지요.
송도에는 센트럴공원뿐만 아니라
미추홀공원, 해돋이공원도 있어요.

**갯벌 생성의 조건**

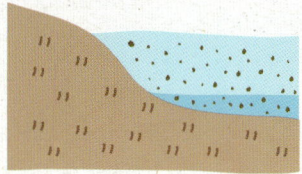
퇴적물의 양이 많아야 해요.

밀물과 썰물의 바닷물 높이 차이가 커야 해요.

파도의 힘이 약해야 해요.

바닷물의 깊이가 얕고 바다와 육지의 경계가 완만해야 해요.

바다와 섬으로 둘러싸인 나는 신비로운 동물과 식물이 많이 살고 있어.
특히 나의 바다는 갯벌을 품고 있는데 대한민국 갯벌의 30%정도의 크기라고 해.
인천의 갯벌들은 썰물과 밀물의 높이 차이가 크고
풍부한 먹이가 많아서 해양생물들의 귀중한 서식처이지.

**세계 5대 갯벌**
북해갯벌(네덜란드, 독일, 덴마크), 서해안갯벌(대한민국), 미국 동부해안갯벌(미국),
캐나다 동부 해안갯벌(캐나다), 아마존하구갯벌(아마존)

점박이물범

저어새

노랑부리백로

괭이갈매기

**갯벌** 썰물 때 바닷물이 빠져나가면 드러나는 땅이에요. 하루에 두 번씩 바닷물에 가려지기도 하고 바닷물이 빠져 드러나기도 하는 땅을 갯벌이라고 하지요. 갯벌은 밀물과 썰물의 차가 큰 곳에 만들어져요.

다양한 종류의 조개와 지렁이, 게, 낙지 등 다양한 생물들이 살아.
그 덕에 저어새, 노랑부리백로, 괭이갈매기와 같은 바닷새도 많이 살지.
참, 백령도에는 너무 귀여운 바다 점박이물범도 살고 있단다.
1940년대에는 8천 마리나 살았는데 지금은 2백여 마리뿐이래.

**람사르 협약**
습지를 보호하기 위한 국제 조약이에요. 이란 람사르에서 모여 18개국이 약속을 했고, 지금은 169개국이 가입되어 있어요. 우리나라의 람사르 습지는 22곳이나 있어요.

나는 소중한 자연유산들도 많아.
강화도의 400살이 넘은 탱자나무들은
역사적으로 의미가 깊어 천연기념물로 지정되어 있지.
나는 무려 800살 된 은행나무, 500살 된 회화나무도 살고 있어.

**탱자나무** 강화도는 고려시대에 몽골군의 침략으로 수도를 옮겨왔던 곳이기도 하고 조선시대에는 인조가 전쟁을 피해 이곳으로 왔지요. 그 이후 성 밖에 탱자나무를 울타리로 심어서 적들이 쉽게 침범하지 못하도록 하였어요.

**동백나무**  **매화마름**  **소나무**

대청도 동백나무 자생지, 영흥도 소나무 군락지도 있고
늪이나 연못에서만 자라는 매화마름 군락지도 강화도에 있어.
매화마름 군락지와 송도갯벌은
람사르에 등록되어 있을 정도로 정말 소중한 곳이지.

**강화 고려산 진달래**
매년 4월쯤에 진달래축제가 열려요. 진달래 군락지가 있는 고려산은
물론이고 강화군 고인돌 광장 일원에서 축제가 열리지요.

나는 역사와 전통, 미래와 신기술이 함께 있는 의미 있는 곳이라

사계절 모두 많은 사람이 나를 찾아.

계절마다 완전히 다른 매력을 뽐내지.

봄이면 강화 고려산에 진달래가 가득하고 곳곳이 벚꽃으로 물들어.

춥지도 덥지도 않은 늦은 봄이 오면 갯벌에서 조개잡이를 즐길 수도 있어.

여름이면 해수욕장에는 늘 사람들로 가득하지.

**소래습지생태공원**
폐 염전을 중심으로 만들어진 공원이에요. 염전 창고를 개조한 전시관과 자연학습장, 염전 학습장이 있어요. 폐 염전을 복구한 곳에는 소금을 직접 생산하고 있어 소금이 만들어지는 과정을 생생하게 관찰할 수가 있어요.

가을이면 단풍으로 온통 멋스럽게 물들어.
특히 소래습지는 갈대와 풍차가 그림 같은 풍경을 만들어내.
맛있는 먹거리도 가을이면 더 풍성해져서 곳곳에서 축제가 열려.
참, 바다낚시를 사계절 내내 즐길 수도 있지만
겨울이면 강화도에서 빙어낚시도 즐길 수 있어.
눈이 오는 석모도 온천에서 겨울 온천의 재미를 느껴보는 건 어때?

석모도 온천

역사, 문화, 교통 어느 하나 빼놓을 수 없는 팔방미인인 나는
다양한 주제로 한 박물관과 체험관이 가득해.
강화도를 대표하는 강화역사박물관은
선사시대부터 시작된 강화도의 역사를 한 눈에 볼 수 있어.
강화도 생태계를 알 수 있는 강화 자연사박물관도 있지.
강화를 대표하는 화문석을 체험해볼 수 있는 강화 화문석 문화관과
전쟁의 아픔을 느낄 수 있는 강화 전쟁 박물관, 강화 평화 전망대도 있어.

강화도에는 이불이나 베개, 기저귀로 쓰였던 천을 만드는 공장들이 많았었는데 지금도 전통방식 그대로 만드는 법을 체험해볼 수 있는 소창 체험관도 있어.

창고형 전시관인 아트플랫폼과 너희들이 좋아하는 짜장면박물관, 우리나라의 거의 모든 생물이 전시된 국립생물자원관이 있지. 인천의 근현대사 문화를 볼 수 있는 수도국산 달동네 박물관과 이민사 박물관, 인천상륙작전기념관도 있어. 너는 어디를 가보고 싶니?

아름다운 자연과 전통, 역사 속에서 태어난 재미있는 음식들도 많아.
인천 차이나타운에서 중국의 전통 음식인 '자장면'이
우리 입맛에 맞는 한국식 '짜장면'으로 탄생하기도 했지.
실향민들이 많이 사는 백령도에는 북한식 냉면이 있고,
고려시대부터 전해 오는 강화도의 젓국갈비는 깔끔한 맛이 일품이야.

짜장면 　 백령도 사곶냉면 　 강화도 젓국갈비 　 쫄면

공갈빵 　 계란빵

만두 　 갯벌장어 　 밴댕이 회무침 　 하얀짜장

월병과 홍두병 　 세숫대야 냉면 　 쌀 막걸리

이름도 재미있는 물텀벙도 있어. 못생긴 아귀를 인천에서는 물텀벙이라고 해.
너희들이 좋아하는 계란빵도 인천에서 처음 시작되었고
쫄면도 인천에서 시작된 것 알고 있니?
최초의 쌀 막걸리도 인천에서 시작되었어.

다양한 특산물도 가득해. 인천은 우리나라에서 꽃게가 가장 많이 잡히는 곳이지.
해풍을 맞아 맛이 좋은 김은 물론이고 새우와 밴댕이도 특산물이야.
특히 강화도에서 나는 특산물은 다양한데
인삼과 화문석, 갯벌 장어와 순무, 약쑥 등이 유명하지.

영흥도 섬포도　　강화도 인삼　　새우젓　　연평도 꽃게

소래포구 새우　　물텀벙　　사자발약쑥

화문석　　왕골　　강화도 순무

순무김치

약으로 쓰이는 사자발약쑥은 전 세계적으로 강화도에서만 자생해.
강화도는 화문석과 인삼이 오래전부터 유명했는데
화문석의 재료가 되는 왕골이 품질이 좋아서라고 해.
고려시대부터 유명했던 강화 인삼은 한국전쟁 후 개성 사람들이
강화도에 내려와 머물면서 더 많이 재배되었어.

다양한 도시의 사람들과 다양한 나라의 사람들이
모여 만든 재미있는 거리와 시장도 많아.
배다리 책방 골목, 동인천 삼치거리,
물텀벙 거리 등 종류도, 테마도 다양하지.

1880년대 인천에 살던 일본인들이 생선을 많이 찾으며
자연스럽게 생겨난 인천종합어시장은
서해안에서 잡히는 대부분의 해산물이 모이는 곳이라 할 수 있어.
너도 가보면 알겠지만, 우리나라에서 가장 많은 종류의
해산물들이 모인다고 해도 과언이 아닐 정도야.

100년 역사를 자랑하는 신포시장에 들렀다면
쫄면과 닭강정을 꼭 먹어봐.
활기찬 어시장 그대로의 느낌이 전해지는
소래포구에는 다양한 종류의 젓갈과
싱싱한 해산물이 기다려. 조개구이와 새우구이는 필수 코스야!
실향민들이 모여 만들었다는 교동도의 대룡시장은
시간이 멈춘 것 같은 곳이야.
교동도의 과거, 현재, 미래를 담고 있는 교동 제비집도 들러봐.

**교동제비집**
| 인천 강화군 교동면 교동남로 20-1
| 이용시간 : 매일 10:00~18:00 매월 두번째, 네번째 월요일 휴무

나는 볼거리가 많은 여행지답게
다양한 테마의 특색 있는 여행들이 준비되어 있어.
신포시장 주변을 둘러볼 수 있는 개화산책 스탬프투어는 물론이고
다양한 이야기가 있는 강화에는 원도심 뚜벅이 여행이 준비되어 있어.
전기 자전거를 타고 해설사 선생님의 이야기를 들으며
고려궁 성곽길을 따라 역사 유적지를 탐방하는 강화 이야기투어도 있지.
너는 어디를 가보고 싶니?

**캡슐호텔**
캡슐처럼 최소한의 작은 공간만을 제공하는 저렴한 호텔을 말해요.

**템플스테이**
절에 머물면서 절의 일상생활을 체험하고 한국 불교의 전통문화와 수행 정신을 체험해보는 것을 말해요.

당일치기 여행으로 나를 많이 찾지만, 숙박하기에도 안성맞춤이야.
이색적인 다양한 숙박 시설이 준비되어 있어.
인천공항에 있는 캡슐호텔은 물론이고,
한옥 호텔, 활주로가 보이는 호텔 등 아주 다양해.
그뿐만 아니라 캠핑도 할 수 있고 펜션, 게스트하우스도 있지.
또 절에서 머물며 마음을 단련시킬 수 있는 템플스테이도 있어.

**인천시티투어**

티켓 구입처 : 인천종합관광안내소(송도), 인천역 관광안내소, 버스 탑승 시 기사에게 구입
이용시간 : 첫차 10:00 / 마지막차 노선마다 다름

어디서부터 무엇을 봐야 할지 모르겠다면 시티투어는 어떠니?
개항 역사와 송도를 둘러볼 수 있는 하버라인,
여러 시장을 둘러볼 수 있는 시티라인,
영종도까지 갈 수 있는 바다라인 등 다양한 코스의 시티투어가 준비되어 있어.
이렇게 여러 종류의 시티투어는 물론
시청의 견학 프로그램 외 다양한 해설사 프로그램들이 가득하니
원하는 투어를 신청해서 알차게 돌아보길 바래.

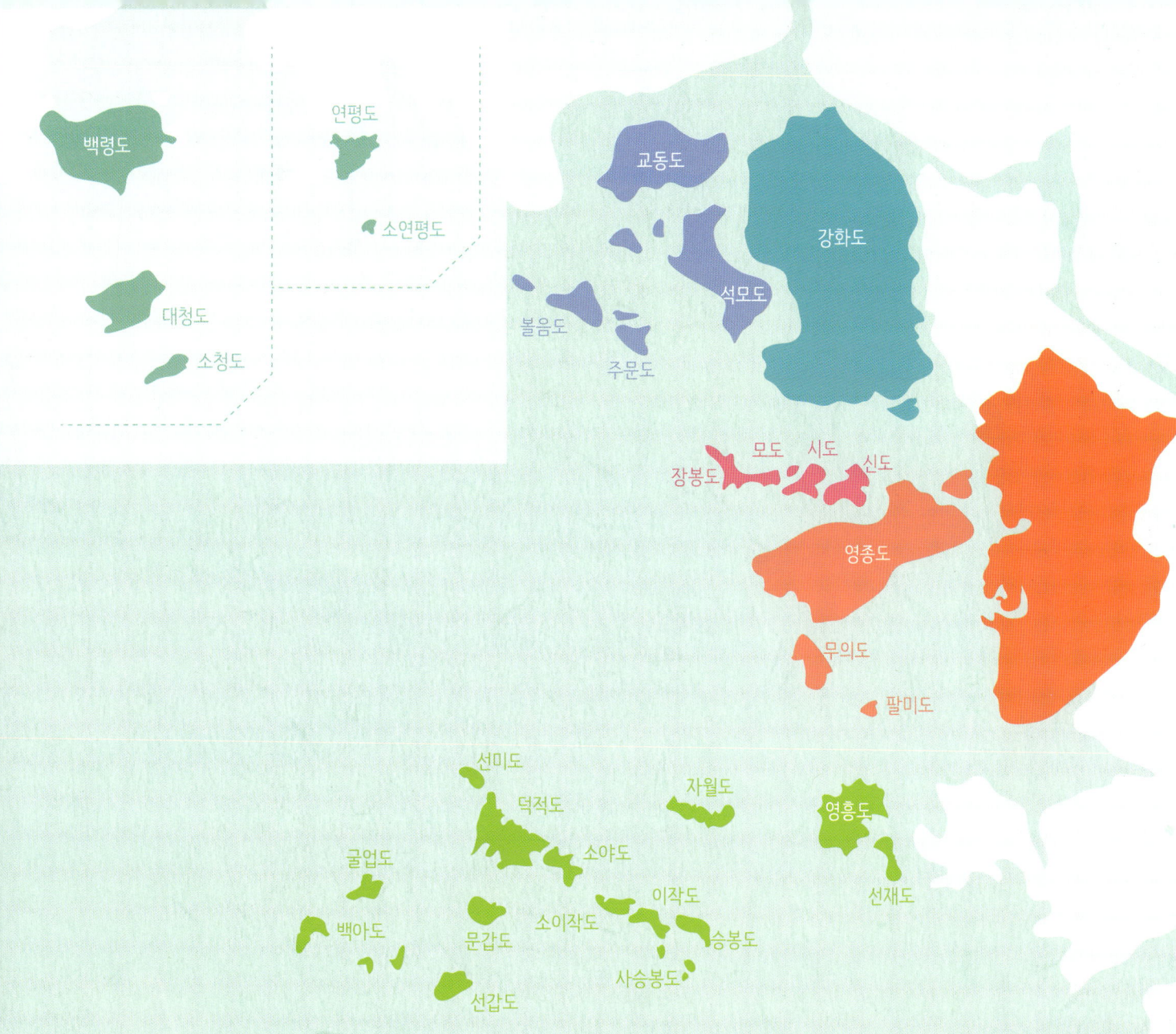

어디를 가도 소중하지 않은 곳이 없는 나는
역사와 문화, 기술과 전통이 공존하는 신비로운 도시지.
바다와 산, 다양한 공원과 전통적인 시장까지…
매력이 넘치는 인천으로 어서 놀러 와!

**안녕, 나는 인천이야.**

사진제공(전종훈) - 한국관광공사

**송도 야경**

사진제공(이범수) - 한국관광공사

**강화 전등사**

사진제공(김지호) - 한국관광공사

**강화 고인돌**

사진제공(김지호) - 한국관광공사

**강화 화문석**

사진제공(김재한) - 한국관광공사

**강화 고려산**

인천대교

신포국제시장

연평도 꽃게

소래포구 전경

백령도 두무진

개항장박물관

짜장면박물관

월미도

차이나타운

## 나만의 인천을 만들어 보아요.

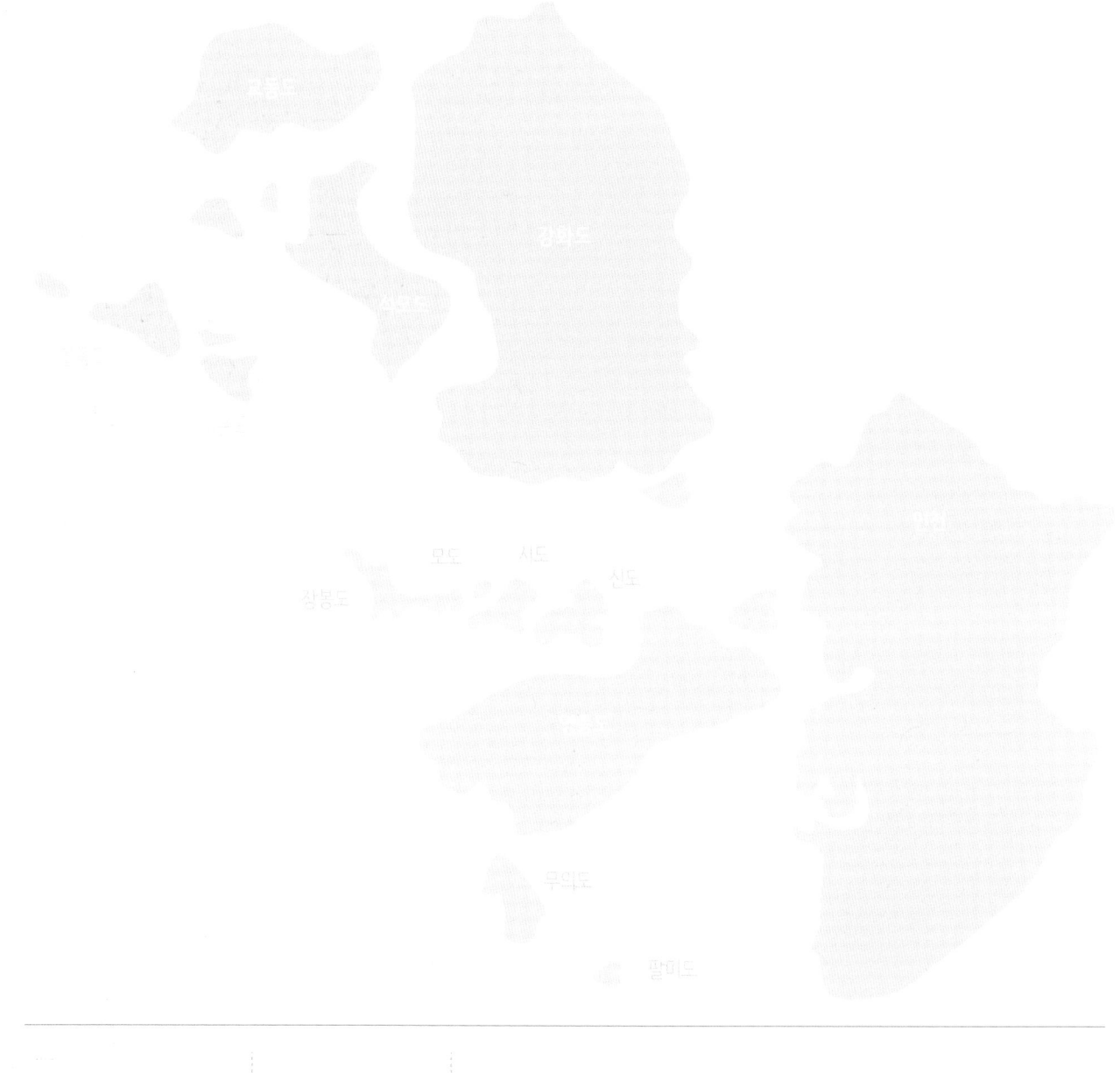

# 아이랑 가볼 만한 곳

## 역사 · 유적

**참성단**
강화군 화도면 문산리 산42-1

**삼랑성**
강화군 길상면 온수리 산41-1

**강화지석묘**
강화군 하점면 부근리 317

**전등사(템플스테이)**
강화군 길상면 전등사로 37-41

**덕진진**
강화군 불은면 덕성리 846

**초지진**
강화군 길상면 초지리 624

**광성보**
강화군 불은면 덕성리 833

**교동읍성**
강화군 교동면 읍내리 577

**교동도 연산군유배지**
강화군 교동면 고구리 산233

**대한성공회 강화성당**
강화군 강화읍 관청리 336

**보문사**
강화군 삼산면 삼산남로828번길 44

**고려궁지**
강화군 강화읍 강화대로 394

**능허대지**
연수구 옥련동 194-54

**원인재**
연수구 경원대로 322

**연미정**
강화군 강화읍 월곶리 242

**용흥궁**
강화군 강화읍 동문안길21번길 16-1

**인천도호부청사**
미추홀구 매소홀로 589

**제물포구락부**
중구 자유공원남로 25

**청일조계지 경계계단**
중구 송학동1가 12

**팔미도등대**
중구 팔미로 15

**홍예문**
중구 송학동3가 20

**수준원점**
미추홀구 인하로 100

**공화춘**
중구 차이나타운로 43

**송현배수지 제수변실**
동구 송현공원로 75-21

**교동향교**
강화군 교동면 교동남로 229-49

**인천향교**
미추홀구 매소홀로 589

**갑곶돈대**
강화군 강화읍 해안동로1366번길 18

## 박물관 · 체험관

**강화갯벌센터**
강화군 화도면 해안남로 2293-37

**강화평화전망대**
강화군 양사면 전망대로 797

**검단선사박물관**
서구 고산후로121번길 7

**국립생물자원관**
서구 환경로 42

**강화전쟁박물관**
강화군 강화읍 해안동로1366번길 18

**강화역사박물관**
강화군 하점면 강화대로 994-19

**강화화문석문화관**
강화군 송해면 장정양오길 413

**강화자연사박물관**
강화군 하점면 강화대로 994-33

**대불호텔전시관중구생활사전시관**
중구 신포로23번길 101

**부평굴포누리 기후변화체험관**
부평구 장제로 267

**부평역사박물관**
부평구 굴포로 151

**영종역사관**
중구 구읍로 63

**소래역사관**
남동구 아암대로 1605

**송암미술관**
미추홀구 비류대로55번길 68

**송도컨벤시아**
연수구 센트럴로 123

**수도국산달동네박물관**
동구 솔빛로 51

**소창체험관**
강화군 강화읍 남문안길20번길 8

**연평도 안보교육장**
옹진군 연평면 연평중앙로12번길 25

**인천국제공항 오성산전망대**
중구 공항서로 279

**인천공항 제2여객터미널 홍보전망대**
인천공항 제2여객터미널 5층

**인천대교전망대 오션스코프**
연수구 송도동 80

**인천개항박물관**
중구 신포로23번길 89

**인천개항장 근대건축전시관**
중구 신포로23번길 77

**인천대교기념관**
중구 인천대교고속도로 3

**인천도시역사관**
연수구 인천타워대로 238

**인천무형문화재전수교육관**
미추홀구 매소홀로 599

**인천상륙작전기념관**
연수구 청량로 138

**인천학생과학관**
중구 영종대로277번길 74-10

**인천시립박물관**
연수구 청량로160번길 26

**인천아트플랫폼**
중구 제물량로218번길 3

**인천어린이과학관**
계양구 방축로 21

**인천어린이박물관**
미추홀구 매소홀로 618

**인천항갑문홍보관**
중구 월미로 376

**조기역사관**
옹진군 연평면 연평로682번길 83

**짜장면박물관**
중구 차이나타운로 56-14

**인천세계도시축전기념관트라이볼**
연수구 인천타워대로 250

**한국근대문학관**
중구 신포로15번길 76

**한국이민사박물관**
중구 월미로 329

**한중문화관(인천화교역사관)**
중구 제물량로 238

**한화기념관**
남동구 논현고잔로168번길 45

**G타워전망대(IFEZ홍보관)**
연수구 아트센터대로 175

**인천서구 녹청자 박물관**
서구 도요지로 54

## 문화 · 시장

**배다리헌책방거리**
동구 금곡로 18-10

**소래포구**
남동구 논현동 111-200

**송월동동화마을**
중구 자유공원서로37번길 22

**조양방직(신문리미술관)**
강화군 강화읍 향나무길5번길 12

**강화풍물시장**
강화군 강화읍 중앙로 17-9

**구월동로데오거리**
남동구 구월동

**달빛거리 송현야시장**
동구 화도진로44번길 18

**대룡시장**
강화군 교동면 교동남로 35

**모래내시장**
남동구 호구포로 818

**부평해물탕거리**
부평구 부평동

**신포국제시장**
중구 우현로49번길 11-5

**신포청년몰 눈꽃마을**
중구 우현로35번길 10

**인천종합어시장**
중구 연안부두로33번길 37

**삼국지벽화거리**
중구 선린동

**개항장거리**
중구 해안동1가

**차이나타운**
중구 차이나타운로59번길 12

**자유공원**
중구 자유공원남로 25

**교동제비집**
강화군 교동면 교동남로 20-1

**옥토끼우주센터**
강화군 불은면 강화동로 403

## 자연 · 공원

**경인아라뱃길**
서구 오류동

**계양산**
계양구 계산동

**두무진**
옹진군 백령면 연화리

**사곶해변**
옹진군 백령면 진촌리

**소래습지생태공원**
남동구 소래로154번길 77

**송도센트럴파크**
연수구 컨벤시아대로 160

**씨사이드파크**
중구 하늘달빛로2번길 6

**석모도 자연휴양림**
강화군 삼산면 삼산서로 39-75

**월미산(월미전망대)**
중구 북성동1가 산2-16

**월미공원**
중구 월미로 329

**연안부두**
중구 항동1가

**인천대공원**
남동구 무네미로 236

**옥죽포 모래사막**
옹진군 대청면 대청리

**을왕리해수욕장**
중구 용유서로302번길 16-15

**왕산해수욕장**
중구 을왕동

**정서진**
서구 오류동

**청라중앙호수공원**
서구 청라동

**콩돌해안**
옹진군 백령면 남포리

**민머루해변**
강화군 삼산면 매음리

**동막해변**
강화군 화도면 해안남로 1481

## 레저 · 여가

**강화씨사이드리조트(루지)**
강화군 길상면 선두리 4-15

**석모도 미네랄온천**
강화군 삼산면 매음리 645-27

**선학국제빙상장**
연수구 경원대로 526

**인천공항 자기부상철도**
중구 공항로 271

**왕산마리나**
중구 을왕동

**월미도유람선**
중구 월미문화로 34

**월미문화의거리·월미테마파크**
중구 월미문화로 81

**파라다이스시티**
중구 영종해안남로321번길 186

**BMW드라이빙센터**
중구 공항동로 136

## 섬

**삼목선착장**
중구 영종해안북로847번길 55

**잠진도선착장**
중구 운서동

**교동도**
강화군 교동면 교동동로 485-13

**대이작도**
옹진군 자월면 이작리

**대청도**
옹진군 대청면

**덕적도**
옹진군 덕적면

**백령도**
옹진군 백령면

**석모도**
강화군 삼산면 석모도

**신·시·모도**
옹진군 북도면 신도리

**선재도**
옹진군 영흥면 선재리

**승봉도**
옹진군 자월면

**연평도**
옹진군 연평면

**영흥도**
옹진군 영흥면

**장봉도**
옹진군 북도면 장봉리

교동읍성과 교동향교 📍

강화지석묘 📍

**강화도**

**교동도**

고려궁지 📍

고려산 📍

강화산성 📍

갑곶돈대

**석모도**

보문사 📍

광성보 📍

덕진진 📍

초지 📍

삼랑성 📍

마니산 📍

전등사 📍

동막해변

강화루지

## 강화도

강화도는 우리나라 5대 섬으로 우리나라에서 4번째로 큰 섬이에요.
강을 끼고 있는 좋은 고을이라는 뜻을 가지고 있어요.
강화도는 고려의 서울인 개성과 조선의 서울인 한양과
가까이에 있어 중요한 장소였지요.

## 현장체험 학습 신청서와 보고서 작성 시 부모님을 위한 팁

### 현장체험 학습 신청서 작성의 **목적과 필수 항목**

현장체험 학습은 학교를 벗어나 배우는 교육 활동으로 자연을 체험하거나, 박물관, 미술관, 역사, 유적지, 공연 등 다양한 문화를 접하고 스스로 경험한 것을 학습의 일환으로 보는 프로그램입니다. 현장체험 학습 신청서를 제출한 후 학교의 승인을 받아야만 학교 출석을 인정받을 수 있습니다. 신청자의 인적 사항과 현장체험을 하고자 하는 기간과 장소 그리고 현장체험 학습계획, 비상연락처 등이 포함되어 있어야 하며 현장체험 학습 후 보고서를 제출하여야 합니다.

### 현장체험 학습 신청서 **작성 팁**

1. 현장체험 학습 계획은 여행 코스 계획 위주로 잡아 주시면 편해요. 아이들이 궁금해하는 곳 위주로 코스를 구성하되 코스 특성을 묶어 계획을 정리하는 것이 좋습니다. 여행 코스에 차이나타운과 개항장 거리를 간다고 한다면 '인천의 역사를 알아보자' 등으로 제목을 달 수 있습니다.
2. 아는 만큼 보입니다. 신청서 작성 전 아이와 함께 관련 책이나 인터넷, 유튜브 검색 등을 통해 미리 살펴보면 현장에서 직접 보는 아이와 신청서를 작성하는 부모님께 도움이 됩니다.

### 현장체험 학습 신청서 작성 예시

예) 1. 가족 여행을 통해 부모, 형제 사이의 유대감을 높이고 소중함을 확인한다.
　  2. 인천의 지리적 특성(인천항, 인천공항, 국제도시 등)을 이해한다.
　  3. 인천의 다양한 골목을 찾아 역사와 특정 음식을 맛본다.
　  4. 인천의 역사와 문화, 인천 자연에 대한 이해를 높인다.
　  5. 각종 체험 시설과 유적지, 박물관 관람을 통해 다양한 경험을 쌓는다.

### 현장체험 학습 보고서 작성 시 **부모님을 위한 팁** ◎ 현장체험 학습 보고서 작성 시 뒤에 있는 워크북을 활용해보세요.

1. 처음부터 너무 완벽한 보고서를 쓰려고 아이에게 요구하지 마세요. 아이가 경험하고 느낀 것을 다시 생각해 보며 보고서를 쓰는 것 역시 현장체험 학습 과정 중 하나입니다. 아이가 자유롭게 표현할 수 있도록 옆에서 그때의 감정을 표현할 수 있도록 도와주세요.
2. 보고서는 아이 스스로 작성할 수 있게 지도, 관광안내 전단지와 입장권을 꼼꼼히 챙겨 놓으면 나중에 도움이 됩니다.
3. 현장체험이 끝난 후 이동하는 차 안에서 스마트폰의 녹음 기능을 통해서 아이의 감정과 생각을 기록해 두면 추후 보고서 작성 시 그때 느낀 감정 그대로를 표현할 수 있습니다.

**진행 순서 :** 체험 학습 신청서 제출 (보호자 *반드시 미리 제출합니다.) ▶ 결재 (학교) ▶ 허가 여부 통보 (교사) ▶
　　　　　　체험 학습 실시 (보호자와 학생) ▶ 보고서 제출 (학생) ▶ 출결 처리 (학교)

## 현장 체험 학습 보고서 작성 시 어린이를 위한 팁

현장체험 학습 보고서는 일기와 형식이 비슷해요. 어떤 곳을 가서 어떤 경험을 했고 그것을 통해 느낀 점들을 표현하면 돼요. 이때 단순히 "재미나요, 즐거웠어요"보다는 무엇이 재미나고 왜 즐거웠는지 구체적으로 적어주면 됩니다. 그때의 경험을 떠올려 입장권이나 사진 등을 이용해서 꾸며도 되고 그때의 감정과 생각들을 글로 표현하면 돼요.

① 미루지 않습니다.
② 반드시 스스로 작성하도록 합니다.
③ 썼던 현장체험 학습 신청서(제출할 때 한 장 더 복사해서)를 함께 들고 다니며 살펴봅니다.

# 인천과 관련된 단어찾기 (9개)

| 인 | 천 | 화 | 문 | 석 | 공 | 항 |
|---|---|---|---|---|---|---|
| 병 | 종 | 영 | 미 | 추 | 홀 | 성 |
| 인 | 산 | 종 | 한 | 고 | 인 | 돌 |
| 강 | 화 | 도 | 강 | 짜 | 노 | 천 |
| 교 | 소 | 화 | 문 | 장 | 들 | 청 |
| 월 | 미 | 도 | 수 | 면 | 갯 | 벌 |

정답: 인천, 공항, 미추홀, 고인돌, 강화도, 월미도, 영종도, 청라, 갯벌

# 인천 OX 퀴즈

1. 서울과 인천을 잇는 우리나라 최초의 철도는 경인선이다. O X
2. 고려시대 때 몽골군의 침입으로 영종도에 왕실이 옮겨와 39년간 수도의 역할을 했다. O X
3. 강화도 고인돌은 고창과 화순의 고인돌과 함께 유네스코 세계유산으로 등록되었다. O X
4. 인천에서 시작된 짜장면은 한국 전통 음식이다. O X
5. 영종대교는 우리나라에서 가장 긴 다리이면서 세계에서 일곱 번째로 긴 다리이다. O X
6. 못생긴 아귀를 인천에서는 물텀벙이라고 한다. O X
7. 매화마름 군락지와 송도 갯벌은 람사르에 등록되어 있다. O X
8. 인천의 서해안 갯벌은 세계 5대 갯벌 중 하나이다. O X
9. 대청도는 연산군과 광해군 등의 유배지로 이용되었다. O X
10. 인천에는 국제도시가 송도국제도시 한 곳뿐이다. O X

1.O / 2.X / 3.O / 4.X / 5.X / 6.O / 7.O / 8.O / 9.X / 10.X

# 인천의 섬, 설명 바르게 잇기

백령도

연평도

대청도

교동도

이작도

영흥도

1960년대에는 조기 어장이었지만 지금은 꽃게잡이로 유명해요. 신석기시대의 조개무지도 있어요.

소나무와 동백나무가 가득하지요. 우리나라에서 보기 힘든 사막(해안사구)도 있어요.

우리나라 최북단의 섬이자 우리나라에서 일곱 번째로 큰 섬이에요. 파도와 비바람에 깎여 만들어진 두무진은 뾰족한 바위들이 많아 생김새가 머리털같이 생겼다라는 뜻을 가졌어요.

서울과 가까운 섬인 이유로 고려 때부터 조선시대에 이르기까지 유배지로 이용 되었어요. 한국전쟁 이전에는 북한 해주와 인천 사이를 연결하는 섬이었지요.

선재도, 측도와 함께 옹진군에서 육지와 연결된 섬이에요. 화력발전소가 있지요.

고래등이라고 부르기도 하는 풀등은 모래섬이 잠수함처럼 다시 물속으로 들어가고 드러나기도 하지요.

백령도-3번 정답 / 연평도-1번 정답 / 대청도-2번 정답 / 교동도-4번 정답 / 이작도-6번 정답 / 영흥도-5번 정답

# 인천의 역사적인 건물들

### 팔미도 등대

1901년 외국인들의 친목을 돕는 사교장이에요. '제물포구락부'의 원래 이름은 '제물포 클럽'이었지요.

### 수준원점

1903년에 만들어진 우리나라 최초의 등대예요.

### 대불호텔

우리나라 최초의 호텔이에요. 정확한 기록은 없으나 1885년 이전부터 만들어 운영했을 것으로 추정해요. 또한 우리나라 최초로 커피를 판 곳이라고 해요.

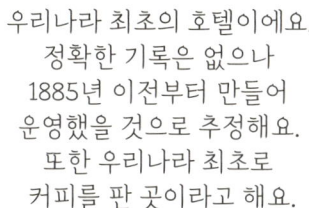

### 내동 성공회성당

우리나라의 산과 땅의 높이를 재는 기준점을 말해요. 원래는 해수면을 기준으로 삼는데 바닷물 높이가 각기 달라 정한 곳이에요.

### 제물포구락부

1890년, 우리나라 최초로 만들어진 성공회 성당이에요.

# OX퀴즈로 풀어보는 인천

**1** 인천은 오래전 미추홀이라고 불리기도 했어요. — O

**2** 인천은 우리나라 제1의 항구가 있는 도시로, 대한민국 수도예요. — X

**3** 옹진군과 강화도도 인천이에요. — X

**4** 우리나라 세 번째 호텔과 두번째 등대가 있는 곳이 인천이에요. — X

**5** 인천대교는 우리나라에서 가장 긴 다리에요. — X

**6** 짬뽕은 인천에서 처음 만들어졌어요. — X

**7** 인천의 서해안갯벌은 세계 5대 갯벌 중 하나에요. — X

**8** 인천과 서울을 잇는 경인선은 우리나라 최초의 철도에요. — X

**9** 영종도는 오래 전부터 지금의 모습 그대로에요. — X

**10** 매화마름 군락지만 유일하게 람사르에 등록되어 있어요. — X

답: 1-2-3-6-9-8-5-4-7-10

# 물범 종이접기

① 점선대로 반으로 접었다가 폅니다.

② 돌려서 반으로 접었다가 폅니다.

③ 점선대로 안쪽으로 접었다가 펴줍니다.

④ 반대편도 안쪽으로 접었다가 펴줍니다.

⑤ 양쪽을 동시에 접으며 중간부분은 바깥으로 접어줍니다.

⑥ 반으로 접어줍니다. 점선대로 위로 접어 올렸다 폅니다.

⑦ 다시 바깥쪽으로 위로 접어줍니다.

⑧ 점선대로 아래로 접었다펴줍니다.

⑨ 펼쳐서 밖으로 뒤집어서 접어줍니다. 점선대로 안쪽으로 넣어서 접어줍니다.

⑩ 물갈퀴 부분을 점선대로 접어줍니다. (반대편 반복)

⑪ 점선대로 위로 접어줍니다. 다시 점선대로 아래로 접어줍니다.

⑫ 점박이 모양과 눈을 펜으로 그려주면 완성!

# 가로세로 낱말

### 가로
1. 못생긴 아귀를 인천에서는 이렇게 불러요.
2. 선사시대의 무덤이에요. 강화도에 120여 기가 남아있어요.
3. 우리나라 최초의 등대에요.
4. 강화도의 특산물이에요. 왕골로 만들어요.
5. 우리나라 최초의 철도에요. 서울과 인천을 잇는 길을 말해요.
6. 썰물 때 바닷물이 빠져나가면 드러나는 땅을 말해요. 여러 해양생물들이 살고 있지요.

### 세로
1. 천연기념물이자 멸종위기 동물이에요. 백령도에 이동물이 살고 있는 서식지가 있어요.
2. 강화도 특산물이에요. 고려시대 때 부터 유명했어요. 한국정쟁 이후 개성사람들이 강화도로 내려와 재배하면서, 더 많이 재배하게 되었어요.
3. 주몽의 아들 비류가 이곳에 머물며 이렇게 불렀어요.
4. 우리나라 최초의 관광명소였어요. 일본이 월미조탕을 비롯해 여러 오락 시설을 만든 곳이지요.
5. 우리나라 최초의 호텔이에요.
6. 한때 고려의 수도였던 이 섬은 서울로 통하는 길이라 여러 문화유산들이 남아있어요.
7. 우리나라에서 가장 크고 긴 다리예요.

 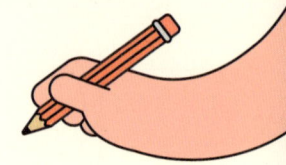

# 나만의 인천공항 만들기

1. 몸체
2. 날개 
3. 엔진 
4. 꼬리1 
5. 꼬리2

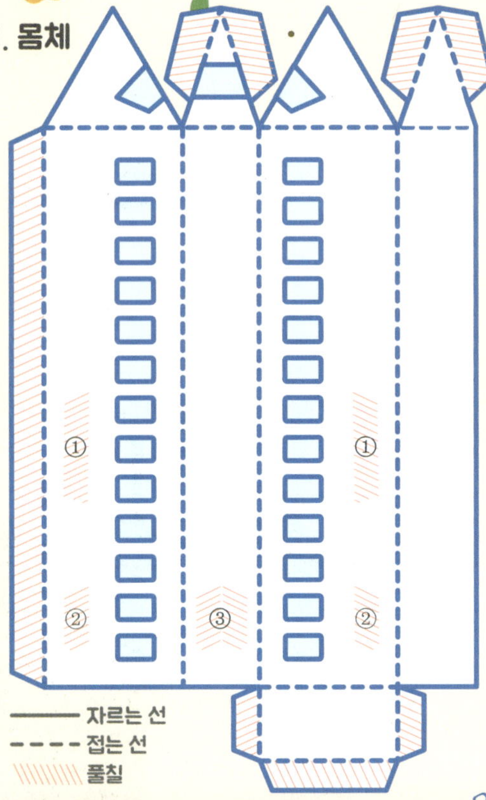

이 부분을 바깥으로 펼쳐 아래쪽 3번에 붙여주세요!

① 비행기 몸체와 날개, 엔진, 꼬리를 자릅니다.
② 몸통을 점선에 따라 접고 풀칠을 하여 만듭니다.
③ 날개는 점선에 따라 반으로 접어 풀로 붙여줍니다.
④ 엔진을 돌돌말아 만들어 날개 아래쪽에 붙여주고 몸체의 1번풀칠 부분에 맞춰 붙여줍니다.
⑤ 꼬리1도 점선에 따라 반으로 접어 풀로 붙여주고 몸체의 2번풀칠 부분에 맞춰 붙여줍니다.
⑥ 꼬리2도 점선에 따라 반으로 접어 풀로 붙여주고 몸체의 3번풀칠 부분에 맞춰 붙여줍니다.
⑦ 만든 비행기들을 공항 위에 올려 나만의 공항을 만들어보세요!

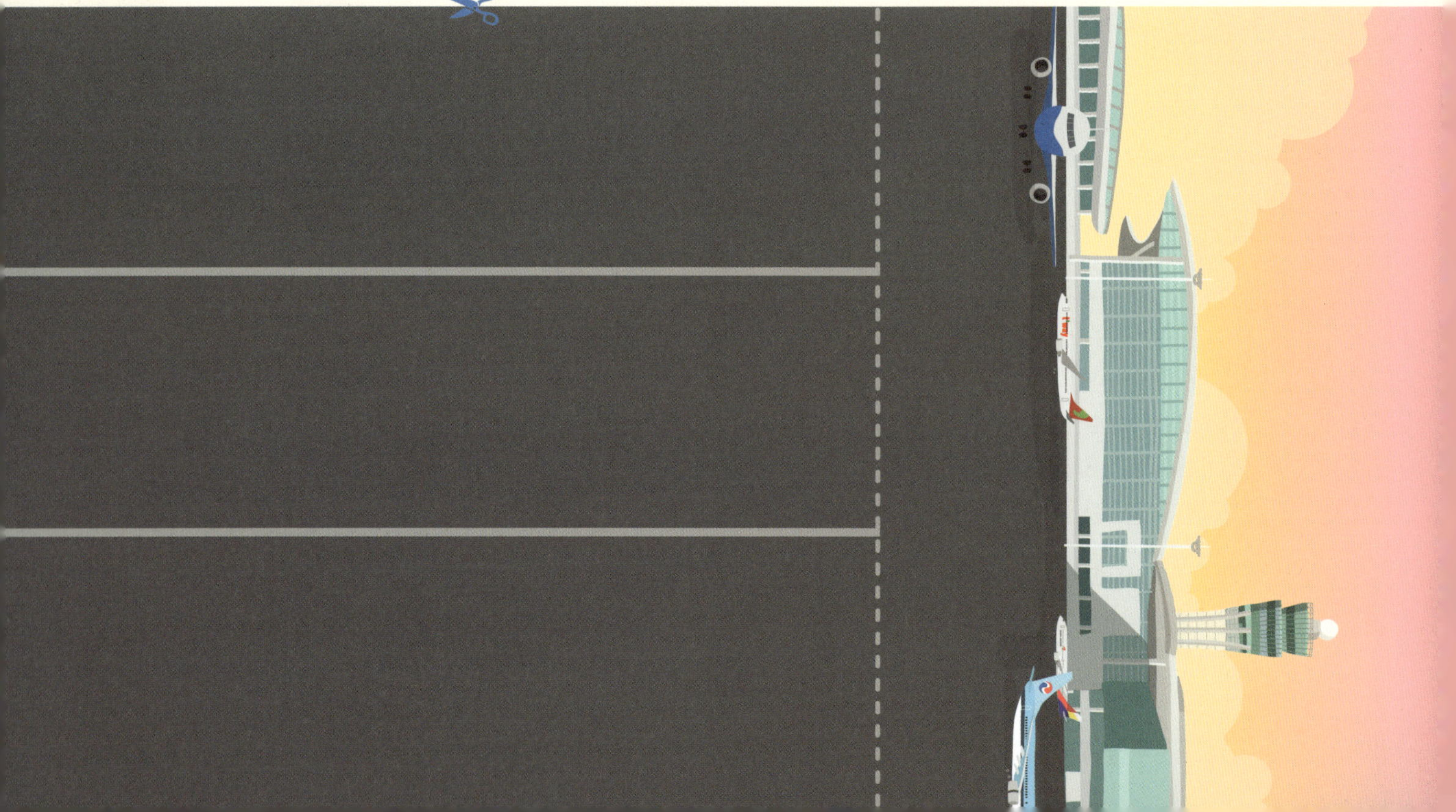

— 자르는 선
-- 접는 선
/// 풀칠

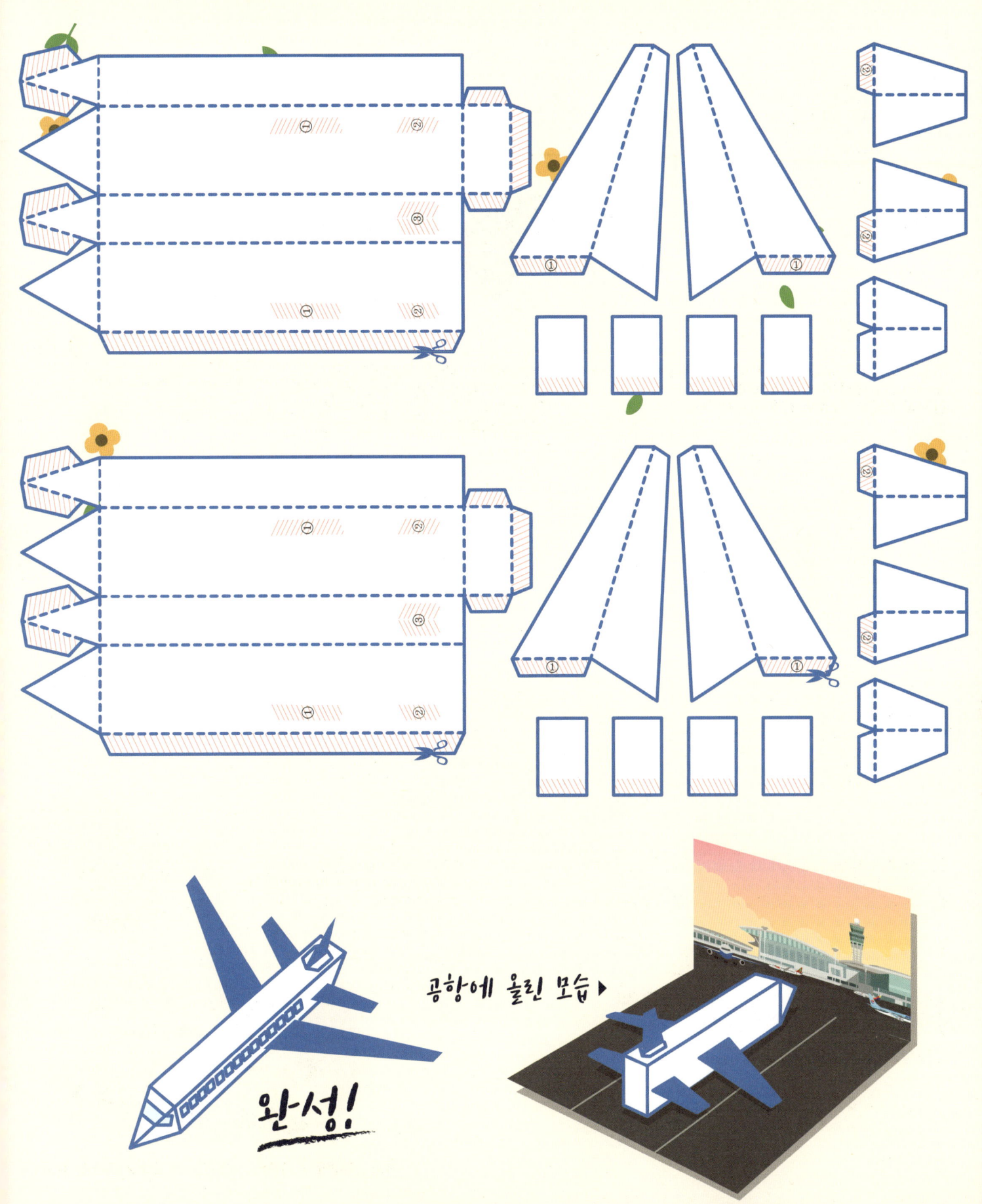
공항에 올린 모습 ▶

완성!

# 인천 초성퀴즈

### ㅉㅈㅁ
이 음식은 인천 차이나타운에서 시작된 음식으로 중국의 전통 음식이 우리 입맛에 맞는 한국식 'ㅇㅇㅇ'으로 탄생하기도 했어요.

### ㅎㅁㅅ
강화도에서 유명한 특산물이에요. 이것의 재료가 되는 왕골의 품질이 좋은 데다 솜씨좋은 사람들이 고려왕실이 있던 강화에 머물면서 발달했다고 해요.

### ㄱㅇㄷ
고창과 화순의 이것과 함께 유네스코 세계유산으로 등록되어 있어요. 강화도에만 120기가 남아있는 선사시대 무덤이에요.

### ㅊㅅㄷ
단군왕검이 하늘에 제사를 지낸 곳이에요. 지금도 개천절에 제사를 지내고 전국체육대회 성화의 불꽃이 시작되는 곳이에요.

### ㅁㅌㅂ
못생긴 아귀를 인천에서는 ㅇㅇㅇ이라고 불러요. 인천에는 ㅇㅇㅇ거리도 있어요.

### ㄱㅂ
썰물 때 바닷물이 빠져나가면 드러나는 땅을 말해요. 이것은 밀물과 썰물의 차가 큰 곳에 만들어져요. 다양한 해양 생물들이 살고 있지요.

정답 : 짜장면 / 화문석 / 고인돌 / 참성단 / 물텅벙 / 갯벌

**현장체험 학습 보고서**에 잘라서 붙여보세요.

수준원점

답동성당

내동 성공회성당

대불호텔 전시관

소래포구

제물포구락부

팔미도 등대

인천 중동우체국

짜장면 박물관

인천 개항박물관

강화 평화전망대

차이나타운

강화 지석묘

교동 제비집

전등사

### 내동 성공회성당

1890년, 우리나라 최초로 만들어진 성공회 성당이에요.

### 답동성당

1890년대에 건축된 한국 성당 중 가장 오래된 서양식 근대 건물 중 하나예요.

### 수준원점

우리나라의 산과 땅의 높이를 재는 기준점을 말해요. 해수면을 기준으로 삼는데 바닷물 높이는 밀물과 썰물, 동해, 서해, 남해 등에 따라 달라요. 그래서 실제로는 0.00m가 존재하지 않기 때문에 기준점을 정해요.

### 제물포구락부

1901년 외국인들의 친목을 돕는 사교장이에요. '제물포구락부'의 원래 이름은 '제물포 클럽'이었지요.

### 소래포구

활기찬 어시장 그대로의 느낌이 전해지는 소래포구에는 다양한 종류의 젓갈과 싱싱한 해산물들이 있어요.

### 대불호텔 전시관

우리나라 최초의 호텔이에요. 정확한 기록은 없으나 1885년 이전부터 만들어 운영했을 것으로 추정해요. 또한 우리나라 최초로 커피를 판 곳이라고 해요.

### 짜장면 박물관

차이나타운에서 가장 유명한 중국 식당이었던 '공화춘'이 지금은 짜장면 박물관으로 사용되고 있어요.
'공화춘'은 짜장면이 탄생한 곳이에요.

### 인천 중동우체국

1884년 11월 우정총국 인천분국이 설치되면서 시작되었어요.
1923년 건물이 오래되어 이곳으로 옮겨와 지금까지 우체국으로 이용되고 있어요.

### 팔미도 등대

1903년에 만들어진 우리나라 최초의 등대예요.

### 차이나타운

120년 넘는 역사를 가지고 있어요. 중국인의 문화와 풍습들이 잘 간직된 곳이에요.

### 강화 평화전망대

전쟁의 아픔을 느낄 수 있는 곳으로 이북의 문화를 가까이에서 느낄 수 있어요.

### 인천 개항박물관

1899년 완공한 일본제1은행이었던 건물로 해방 이후에는 조달청 인천지점으로 사용되다가 1996년까지 법원등기소로 사용되었어요.

### 전등사

단군의 아들 부소, 부우, 부여가 쌓았다고 전해지는 삼랑성 안에 우리나라에서 제일 오래된 절 전등사가 있어요.

### 교동 제비집

교동도의 과거, 현재, 미래를 담고 있는 곳이에요.

### 강화 지석묘

고창과 화순의 고인돌과 함께 유네스코 세계유산으로 등록되어 있을 정도로 소중한 유산이에요.

# 현장체험 학습 보고서에 잘라서 붙여보세요.

고인돌 만드는 과정을 오려 붙이고, 체험학습 보고서에 설명을 써보세요.

인천에서 먹었던 인천을 대표하는 맛있는 음식들을 체험 보고서에 써보세요.

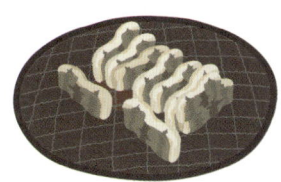   

갯벌의 생성 조건을 오려 붙이고, 체험 보고서에 설명을 써보세요.

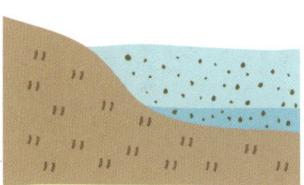 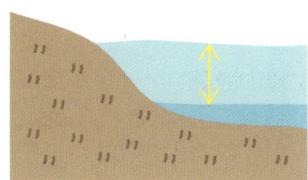  

## 작가님께 편지를 써보세요!

POST CARD

From.
_____
_____

To.
작가님에게
_____
#상상력놀이터 #안녕나는인천이야 #작가님에게

책을 읽고 궁금한 점, 느낀 점을 편지에 써서 SNS에 올려주시면 작가님께서 직접 답장을 보내드립니다.
*참여방법: SNS에 #상상력놀이터 #작가님께 #안녕나는서울이야(읽은 책의 제목) 해시태그로 올려주세요.

## 상상력놀이터의 도서소개

### 어린이 여행 가이드북
### 안녕 나는 시리즈
글 이나영 / 그림 이나영, 박정은, 정지윤, 임희주

제주, 경주, 해외, 강원도, 서울, 강릉, 인천, 전주, 부산까지!!!
어린이를 위한 어린이 여행 가이드북! 안녕 시리즈들을 통해 나만의 진짜 여행을 즐겨보세요!

### 이야기로 배우고 색칠하며 익히는 한국사 톡톡
### 입문서 편 / 근현대사 편  그림,엮음 상상력놀이터

요즘 엄마들 사이에 가장 핫한 한국사 입문서! 컬러링과 스토리텔링으로 배우는 한국사 공부! 좌뇌와 우뇌를 자극하여 아이들이 재미있게 공부해요. 역사 체험 학습과 연계하면 좋아요

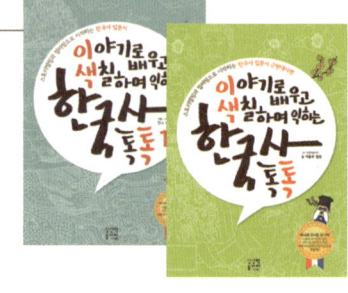